LA HISTORIA OCULTA

LA ESCLAVITUD EN MOUNT VERNON

Janey Levy
Traducido por Ana María García

Gareth Stevens
PUBLISHING

Please visit our website, www.garethstevens.com. For a free color catalog of all our high-quality books, call toll free 1-800-542-2595 or fax 1-877-542-2596.

Cataloging-in-Publication Data

Names: Levy, Janey., author.
Title: La esclavitud en Mount Vernon / Janey Levy, translated by Ana María García.
Description: New York : Gareth Stevens Publishing, 2017. | Series: La historia oculta | Includes index.
Identifiers: ISBN 9781482462296 (pbk. book) | ISBN 9781482461534 (6 pack) | ISBN 9781482462302 (library bound book)
Subjects: LCSH: Slaves–Virginia–Mount Vernon (Estate)–Juvenile literature. | Mount Vernon (Va. : Estate)–History–Juvenile literature. | Washington, George, 1732-1799–Relations with slaves–Juvenile literature.
Classification: LCC E312.5 .L475 2017 | DDC 306.3/6209755291–dc23

First Edition

Published in 2017 by
Gareth Stevens Publishing
111 East 14th Street, Suite 349
New York, NY 10003

Translator: Ana María García
Editorial Director, Spanish: Nathalie Beullens-Maoui
Editor, Spanish: Cristina Brusca
Editor, English: Therese Shea
Designer: Katelyn E. Reynolds

Photo credits: Cover, pp. 1, 11 (inset) MPI/Getty Images; cover, pp. 1–32 (tear element) Shahril KHMD/Shutterstock.com; cover, pp. 1–32 (background texture) cornflower/Shutterstock.com; cover, pp. 1–32 (background colored texture) K.NarlochLiberra/Shutterstock.com; cover, pp. 1–32 (photo texture) DarkBird/Shutterstock.com; cover, pp. 1–32 (notebook paper) Tolga TEZCAN/Shutterstock.com; p. 5 (inset) baldeaglebluff/Wikipedia.org; pp. 5 (main), 7, 9, 27 courtesy of the Library of Congress; p. 11 (main) Hulton Archive/Getty Images; pp. 12, 19 (inset) Edward Savage/Getty Images; p. 15 Independent Picture Service/UIG via Getty Images; p. 17 John Greim/LightRocket via Getty Images; p. 19 (main) Charles Phelps Cushing/ClassicStock/Getty Images; p. 21 Bettmann/Getty Images; p. 23 Joe Raedle/Getty Images; p. 25 Chicago History Museum/Getty Images; p. 29 Dennis K. Johnson/Lonely Planet Images/Getty Images.

Printed in the United States of America

CPSIA compliance information: Batch #CW17GS: For further information contact Gareth Stevens, New York, New York at 1-800-542-2595.

CONTENIDO

Las palabras del glosario se muestran **en negrita** la primera vez que aparecen en el texto.

EXCAVACIONES EN *HOUSE FOR FAMILIES*

En 1989 y 1990, un grupo de arqueólogos excavaron el lugar donde una vez estuvo la casa conocida como *House for Families* en Mount Vernon. Era el **alojamiento** principal de los esclavos en *Mansion House Farm*, la residencia de George Washington. Los descubrimientos arrojaron una nueva luz sobre las vidas de los esclavos que habitaron en ella.

Los **artefactos** descubiertos, que incluían **cerámicas**, cristal, pipas para tabaco y **utensilios** para la mesa, daban a entender que los esclavos gozaban de algunas ventajas materiales al vivir tan cerca de la familia Washington. Sin embargo no podemos olvidar el hecho de que eran esclavos.

Mount Vernon ocupa un lugar especial en la historia de Estados Unidos y en los corazones de muchos estadounidenses. Pero su historia sobre la esclavitud ha permanecido en gran parte oculta hasta hace poco. Esto es debido a que es difícil de aceptar la **contradicción** que supone que un padre fundador, que luchó por la libertad, participara al mismo tiempo en la práctica de la esclavitud.

AL DESCUBIERTO

La propiedad de Washington en Mount Vernon estaba dividida en cinco fincas diferentes: *Mansion House Farm*, *Dogue Run Farm*, *River Farm*, *Muddy Hole Farm* y *Union Farm*. La finca *Mansion House Farm*—la más grande—era la mansión central, la majestuosa casa de Washington que aparece en las vistas de Mount Vernon.

MÁS SOBRE LAS EXCAVACIONES DE *HOUSE FOR FAMILIES*

Los arqueólogos creen que parte de los artefactos descubiertos pertenecían a la familia Washington, los cuales probablemente pasaron de segunda mano a los esclavos. Estos también pudieron haber fabricado algunos de ellos. Además de los artefactos, los arqueólogos descubrieron más de 24,000 huesos pertenecientes a 53 clases de animales. Los restos de alimentos indican que los esclavos conseguían más comida que las **raciones** que recibían, que normalmente consistían en arenque, harina de maíz, carne de res y de cerdo. Los restos muestran que los esclavos cazaban animales salvajes, pescaban, cultivaban el huerto, recolectaban nueces y bayas, y criaban pollos.

La mansión es lo que la mayoría de la gente imagina cuando piensa en Mount Vernon. El padre de George Washington construyó una pequeña casa en el lugar en 1735. Lawrence, el hermano de George, la amplió cuando pasó a ser suya en 1743, y George la amplió todavía más después de la muerte de su hermano.

GEORGE WASHINGTON Y LA ESCLAVITUD

La gente sabía desde hacía tiempo que Washington tenía esclavos; numerosos **documentos** dan evidencia de ello. Pero este asunto no ha recibido mucha atención pública hasta hace poco. Ahora, sin embargo, la gente reconoce que es importante hablar de la esclavitud en Mount Vernon y de la actitud de Washington respecto a ello.

Washington creció en una sociedad que consideraba la esclavitud como algo que era parte de la vida normal. Al morir su padre heredó 10 esclavos, con apenas 11 años de edad. Siendo aún joven compró al menos ocho esclavos. Compró siete esclavos más en 1755, entre los que se encontraba un niño.

El matrimonio de Washington, con la viuda Martha Dandridge Custis en 1759, aportó 84 esclavos más a Mount Vernon. La población de esclavos de Mount Vernon también aumentó con la compra de más esclavos y de los niños que nacieron de esta población.

AL DESCUBIERTO

Una persona a la que Washington prestó dinero no se lo devolvió. Entonces, Washington se quedó con sus esclavos, incluyendo niños, y los vendió al mejor postor.

LA OPINIÓN DE UN VISITANTE

En 1798, un visitante polaco estuvo 12 días en Mount Vernon y escribió esto sobre Washington y sus esclavos: "El general Washington trata a sus esclavos mucho más humanitariamente [con compasión] que sus conciudadanos de Virginia". Pero también escribió: "Entramos en una de las chozas destinadas a los negros, pues en realidad no se les puede llamar casas. Son más miserables que la más miserable cabaña de nuestros campesinos".

Washington se muestra aquí hablando con un capataz, un hombre responsable de los esclavos, en una de las fincas de Mount Vernon. Los capataces podían ser hombres blancos o seleccionados entre los esclavos.

Normalmente Washington separaba a los maridos de sus mujeres entre su población esclava. Los hombres más cualificados se alojaban cerca de la mansión, mientras que sus mujeres e hijos estaban en las granjas más alejadas. Aproximadamente el 65% de los esclavos que trabajaban en el campo eran mujeres.

Washington aprobaba los castigos severos —que él llamaba reprimendas— para incluso infracciones menores. Sin embargo, también vigilaba la salud de sus esclavos e incluso trasladó esclavos enfermos a la mansión para que fueran atendidos mejor.

La Revolución Americana cambió la opinión de Washington sobre la esclavitud. Fue testigo de la valentía de los soldados negros que lucharon en el ejército Continental. También escuchó las opiniones antiesclavistas del marqués de Lafayette. Aunque nunca se proclamó públicamente en contra de la esclavitud, deseaba que el Congreso la aboliera. Y en su testamento ordenó que todos sus esclavos fueran puestos en libertad una vez fallecida su esposa.

EL TESTAMENTO DE WASHINGTON

En su testamento, Washington escribió: "A partir del fallecimiento [muerte] de mi esposa, es mi voluntad y deseo que todos los esclavos que poseo por derecho propio reciban su libertad". Sin embargo, solo 123 de los 317 esclavos que entonces se encontraban en Mount Vernon eran suyos. Casi todos los demás eran de Martha y legalmente pertenecían al patrimonio de su primer marido. Después de la muerte de Martha, volverían con la familia Custis. Ni George ni Martha tenían derecho a liberarlos.

AL DESCUBIERTO

En cierta ocasión, Washington aprobó azotar a una criada por haber sido impertinente, o irrespetuosa: "Si ella, o cualquiera de los criados, no cumplen con su deber de forma adecuada, o son impertinentes, la reprimenda (como única alternativa) debe ser administrada".

El marqués de Lafayette era un noble francés, joven y rico, que viajó a América para apoyar a las colonias en la Revolución Americana. Él y Washington se hicieron amigos íntimos. Lafayette apoyó encarecidamente el derecho de los pueblos a gobernarse a sí mismos y se opuso firmemente a la esclavitud.

EL TRABAJO DE LOS ESCLAVOS

¿Qué trabajos hacían los esclavos en Mount Vernon? Por lo general, los esclavos trabajaban desde que salía el sol hasta que se ponía, con unas dos horas para comer. Esto significa que trabajaban aproximadamente ocho horas al día en invierno, cuando hay menos horas de luz. Durante el verano, cuando los días son más largos, los esclavos podían trabajar hasta 14 horas al día.

Los esclavos trabajaban seis días a la semana, salvo los domingos. También disfrutaban de unos días de vacaciones al año. Sin embargo, cuando un trabajo, como durante la época de la cosecha, tenía que hacerse en un tiempo determinado, debían trabajar incluso en sus días libres. Cuando se terminaba el trabajo, podían recibir dinero a cambio u otro día libre para compensar el tiempo libre trabajado.

AL DESCUBIERTO

Muchos de los días festivos que los esclavos disfrutaban eran fiestas cristianas, como Navidad y Pascua. Sin embargo, no todos los esclavos eran cristianos. Algunos continuaron practicando tradiciones religiosas traídas de África, como el islam.

O MUY PEQUEÑOS O MUY VIEJOS

Según la relación de esclavos recopilada en 1799, aproximadamente el 42% —casi la mitad— de los esclavos de Mount Vernon eran o muy pequeños o muy viejos para trabajar. Había también esclavos que debido a sus condiciones físicas no podían realizar trabajo pesado o de mucho esfuerzo. Con frecuencia se les asignaban trabajos como hacer ropa, zapatos o extraer las semillas de cebollas.

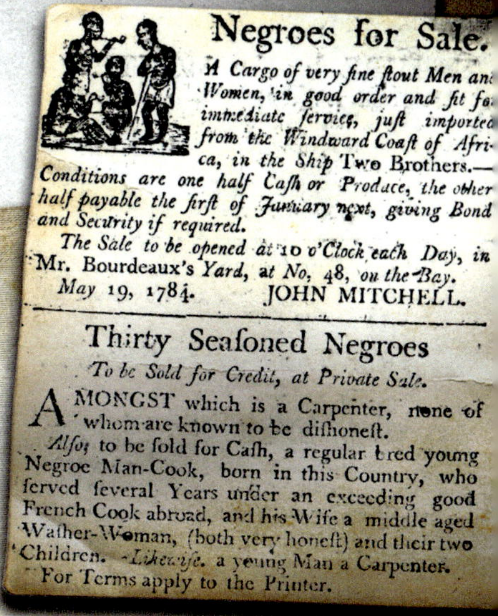

Negroes for Sale.

A Cargo of very fine ſtout Men and Women, in good order and fit for immediate ſervice, juſt imported from the Windward Coaſt of Africa, in the Ship Two Brothers.— *Conditions are one half Caſh or Produce, the other half payable the firſt of January next, giving Bond and Security if required.*

The Sale to be opened at 10 *o'Clock each Day, in* Mr. Bourdeaux's *Yard, at No.* 48, *on the Bay.*

May 19, 1784. JOHN MITCHELL.

Thirty Seaſoned Negroes

To be Sold for Credit, at Private Sale.

AMONGST which is a Carpenter, none of whom are known to be diſhoneſt.

Alſo, to be ſold for Caſh, a regular bred young Negroe Man-Cook, born in this Country, who ſerved ſeveral Years under an exceeding good French Cook abroad, and his Wife a middle aged Waſher-Woman, (both very honeſt) and their two Children. *Likewiſe*, a young Man a Carpenter.

For Terms apply to the Printer.

Esta imagen muestra a Washington visitando a sus esclavos mientras trabajan en el campo. Como se ve en el anuncio de arriba, la mayoría de la gente de esa época consideraba a los esclavos como una propiedad que podía ser comprada y vendida. Washington compartió esta idea durante casi toda su vida.

AL DESCUBIERTO

Para los esclavos, trabajar en la mansión era preferible a la durísima tarea del campo. Más de una vez, Washington amenazó a los esclavos domésticos con enviarlos al campo si pensaba que no hacían bien su trabajo.

Este grabado muestra a George y a Martha en Mount Vernon con dos de los nietos de Martha.

Del 58% de los esclavos de Mount Vernon que podían trabajar, algo más del 25% eran trabajadores con algún tipo de oficio. Trabajaban como criados, herreros, fabricantes de barriles, cocineros, lecheros, **destiladores**, jardineros, molineros, **costureras**, zapateros, hilanderos, tejedoras, cavadores de zanja, conductores de carretas y cocheros. Se alojaban cerca de la mansión y casi el 75% eran hombres.

Cerca del 75% de los esclavos trabajan en el campo y la mayoría eran mujeres. El trabajo que realizaban era trabajo pesado y exigía trabajo físico. Escardaban, araban y cosechaban. Recolectaban estiércol y abonaban la tierra. Sacaban los tocones de los árboles del suelo. Levantaban cercas alrededor de Mount Vernon. Y recuerda que en verano, podían estar haciendo todo esto durante 14 horas al día.

EL PERSONAL DOMÉSTICO

Como otros virginianos ricos, Washington prefería mestizos como personal doméstico. Estos esclavos tenían ascendencia mixta, es decir que el padre, o quizá el abuelo, había sido de raza blanca. Un visitante de Mount Vernon, al encontrarse con un muchacho de cabello y piel claros, escribió "que si no se lo hubieran dicho, nunca hubiera sospechado de su procedencia [africana]".

EL ALOJAMIENTO DE LOS ESCLAVOS

¿Recuerdas la llamada *House for Families* que se menciona en el primer capítulo? Era la vivienda para los esclavos y trabajadores de la finca *Mansion House*. Era quizá el mejor alojamiento para esclavos en Mount Vernon, en lo que a su construcción se refiere. Se trataba de un edificio de madera de dos pisos con una base de ladrillo, una **chimenea** en cada extremo y ventanas de vidrio. Sin embargo, los esclavos que vivían allí tenían poca privacidad entre ellos y con su vecino "dueño".

El edificio de *House for Families* fue derribado en la década de 1790. Hacia principios de 1793, la mayor parte de los esclavos de la finca *Mansion House* vivía en alas fabricadas de ladrillo situadas a los lados del invernadero. Estas alas contaban con un total de cuatro habitaciones grandes, cada una con una chimenea, literas empotradas y ventanas de vidrio. Tampoco aquí los esclavos tenían mucha privacidad.

AL DESCUBIERTO

El invernadero y las viviendas de los esclavos fueron destruidos por el fuego dos veces, en 1835 y nuevamente en 1863.

MÁS SOBRE EL ALOJAMIENTO DE LOS ESCLAVOS EN EL INVERNADERO

Cada habitación tenía una única puerta al exterior y tenía aproximadamente 600 pies cuadrados (55 metros cuadrados) de espacio habitable. No menos de 60 esclavos vivían allí, lo que significa que probablemente se alojaban en cada habitación 15 esclavos. Se cree que estas viviendas fueron diseñadas para adultos sin familia. Algunos esclavos vivían en habitaciones situadas encima de la cocina, y las familias disponían de cabañas individuales frente al invernadero.

Esta imagen te da una idea de cómo eran los alojamientos de los esclavos en Mount Vernon.

Los esclavos en las otras fincas de Mount Vernon tenían más privacidad. Por un lado, vivían mucho más alejados de Washington y de su ojo vigilante. Por otro, vivían en su propia cabaña o en una cabaña destinada a acoger a dos familias en espacios separados. Sin embargo, la calidad de la construcción era mucho más pobre que la de *House for Families* o de las alas conectadas al invernadero

Un visitante describió estas cabañas como "casas de troncos". Las untaban con fango en un esfuerzo infructuoso de impedir el paso del viento y de la lluvia. Una cabaña destinada a una única familia disponía de una habitación individual y generalmente de una chimenea de madera hecha de palos cubiertos con fango en una pared exterior. Las cabañas destinadas a dos familias contaban con dos habitaciones, con entradas separadas, y a su vez separadas por una chimenea en el medio.

IMPRESIONES DE UN VISITANTE

Un hombre que visitó a Washington en Mount Vernon hizo un comentario sobre el interior de una de estas cabañas. Hay que tener en cuenta que una habitación pequeña hacía de sala, cocina y dormitorio: "El marido y la esposa duermen en un camastro miserable, los niños en el suelo; una detestable chimenea, algunos utensilios de cocina y, en medio de esta pobreza, algunas tazas y una tetera".

AL DESCUBIERTO

Estas cabañas tenían pocas ventanas y seguramente sin cristales.

Esta cabaña reconstruida da una idea del **tipo de alojamiento** que la mayoría de los **esclavos de** Mount Vernon ocupaban.

LA ROPA DE LOS ESCLAVOS

Washington les proporcionaba ropa a sus esclavos, pero les daba la menor cantidad posible, y era simple y generalmente tosca. La mayor parte de los esclavos recibía ropa cada año, más una o dos prendas adicionales según el cambio de estación. Dado que los esclavos recibían poca ropa, muchas veces llevaban la misma varios días seguidos. La ropa más pobre era para los niños y los adultos demasiado viejos para trabajar. De hecho, un capataz reportó un diciembre que los niños de una de las fincas no tenían nada de ropa.

Algunas prendas se confeccionaban con tela hecha en Mount Vernon o importada, mientras que otras se encargaban ya hechas en grandes cantidades. Las telas eran de lana y lino áspero sin blanquear. Washington se quejaba cuando una costurera hacía pantalones largos para los hombres en vez de bombachos cortos, porque decía que se utilizaba demasiada tela.

AL DESCUBIERTO

De vez en cuando, los eslavos también recibían mantas. Pero Washington les ordenaba que las utilizaran para rellenarlas de hojas y hacer lechos para los animales; decía que era necesario "para la comodidad de las criaturas...Hace que el ganado esté caliente y cómodo. Los cerdos en sus corrales deben estar acostados sobre cómodos lechos de hojas".

LA ROPA DE LOS ESCLAVOS DOMÉSTICOS

Los esclavos domésticos recibían más ropa y de mejor calidad que los esclavos del campo. Los hombres llevaban trajes de librea, los cuales seguían el estilo de los trajes de tres piezas que vestían los caballeros en esa época. Los trajes de librea estaban hechos de lana fina, con los colores del **escudo de armas** del amo. Un cordón minuciosamente tejido decoraba los bordes. Las mujeres esclavas llevaban vestidos de paño fino, con un delantal de delicado lino.

William Lee, el esclavo personal de piel clara de Washington

Esta imagen da una idea de cómo podrían vestirse los esclavos de Washington durante el verano. Los hombres llevaban simples camisas y pantalones. Sin embargo, los esclavos de Washington vestían pantalones cortos.

LA VIDA PRIVADA DE LOS ESCLAVOS

¿Qué hacían los esclavos de Mount Vernon cuando no estaban trabajando? Las actividades diarias más importantes eran las tareas de la casa. Los esclavos mantenían pequeños huertos y criaban pollos para aumentar las raciones de comida que Washington les proporcionaba. Tenían que ocuparse de los pollos y de los huertos, cocinar y conservar lo que conseguían de sus huertos y cuidar su ropa lavándola y remendándola.

Las gallinas, los huevos que ponían y los productos del huerto también podían proporcionarles ingresos. Washington les compraba estos productos, así como algunos artículos, como las escobas que los esclavos fabricaban. Los esclavos también los vendían en el mercado de los domingos en Alexandría.

AL DESCUBIERTO

Un visitante de Mount Vernon describió una escena en los alrededores de la cabaña de un esclavo: "Tenía un pequeñísimo huerto con verduras, cinco o seis gallinas, cada una con 10 a 15 pollos. Es lo único que les era permitido tener, ya que no podían tener patos, gansos o cerdos".

OTRAS FORMAS DE GANAR DINERO

Algunos esclavos ganaban dinero con la pesca y la caza. A Washington le encantaba el pescado y pagaba generosamente por los de calidad. Los esclavos Tom Davis y Sambo Anderson de Mount Vernon, eran conocidos cazadores y, a finales de 1792, vendieron a Washington 132 aves. Cuando Anderson recibió su libertad después de la muerte de Washington, se mantuvo con la caza que vendía a los hoteles. Otros esclavos vendían sus dientes a los dentistas para hacer **dentaduras** postizas y para operaciones de trasplantes de dientes.

Esta pintura muestra a varios esclavos y su cabaña. La mujer sentada remienda la ropa y otra la lava en una palangana de madera. Hay pollos y gallinas alrededor de la pequeña vivienda.

¿Qué hacían los esclavos de Mount Vernon con el dinero que ganaban? Unos, como Hércules, el cocinero de Washington, se lo gastaban en ropa. Hércules era conocido por su habilidad en la cocina. Estuvo con ellos en Filadelfia, la capital de la nación por aquel entonces, mientras Washington fue presidente. Allí ganaba hasta 200 dólares al año vendiendo las sobras de lo que cocinaba. Estos ingresos le permitieron comprar lino fino blanco, un chaleco negro de seda, un abrigo de paño azul con el cuello aterciopelado y un bastón con empuñadura de oro, muy superior al que poseía el esclavo de la casa más favorecido.

Otros esclavos preferían comprar comida. Compraban a Washington productos como harina fina y carne de cerdo. También adquirían productos de alimentación importados, como té, café, melaza y azúcar en las tiendas de Alexandría.

HOGAR, DULCE HOGAR

Los esclavos también utilizaban su dinero para comprar muebles y otros artículos para sus viviendas. Los documentos que se han conservado proporcionan una larga lista de artículos que una mujer adquirió para su casa. La lista incluye un escritorio, tres mesas, ocho sillas, dos espejos, trece cuadros, dieciocho platos, seis tazas de té, un plato de azúcar, un bote de crema y dos camas. Era algo extraordinario comparado con el mobiliario de la vivienda típica de un esclavo.

AL DESCUBIERTO

El matrimonio Washington llamaba a Hércules tío Harkless. El nieto de Martha lo describió como "un artista famoso... el más dotado y experto en el arte culinario que pudiera encontrarse en Estados Unidos".

Este es el comedor de Mount Vernon, en donde Washington tomaba las comidas que Hércules preparaba para la familia.

Además de ganar dinero y hacer compras, los esclavos trataban de disfrutar de su tiempo libre. Una de las actividades favoritas era visitarse por la noche, después de haber terminado el trabajo del día para verse y conversar. Washington se quejaba de que estaban demasiado cansados después de lo que él llamaba "un paseo nocturno" para hacer el trabajo que les correspondía.

También nadaban, jugaban y hacían deporte. Un visitante de Mount Vernon observó a 30 esclavos que practicaban un deporte de equipo llamado prisoner's base. El visitante notó que los esclavos participaban en este juego con gran entusiasmo, dando "saltos y brincos como si hubieran descansado toda la semana".

La vida de esclavo era cruel, pero estaban decididos a pasar el poco tiempo libre que tenían lo mejor posible.

VISITANDO A LA FAMILIA

Algunos matrimonios estaban separados porque trabajaban en diferentes fincas de Mount Vernon. Otros estaban casados con personas que vivían en otras plantaciones. Estas parejas solo podían verse los días libres —domingos y festivos. Y a veces ni siquiera durante esos días. El dueño de un esclavo podía prohibir que los esclavos de otras plantaciones entraran en su plantación.

AL DESCUBIERTO

Las visitas que se hacían los esclavos incluían música y narraciones. Los esclavos que habían nacido en África contaban historias sobre la vida en aquella lejana tierra.

Aquí, los esclavos se reúnen fuera de sus cabañas para conversar, escuchar música y bailar.

¿CÓMO SE RESISTÍAN LOS ESCLAVOS?

Los esclavos de Mount Vernon desafiaban la esclavitud de varias maneras. Fingían enfermedades, trabajaban despacio y poco y perdían o estropeaban las herramientas o equipamiento. Cualquier esclavo, independientemente de la edad o de su estado de salud, podía resistirse de esta manera, y era difícil demostrar que lo hacían a propósito.

El robo era otra forma de resistencia. Era más peligroso porque resultaba más fácil de detectar y, ser castigados. A los esclavos se les acusaba de robar herramientas, telas, leche, mantequilla, frutas, carnes, grano, papas, entre otras cosas. Washington personalmente descubrió un plan para robar lana que se alegaba estaba demasiado sucia para ser hilada: "Observo en el informe sobre lo que se hiló la semana pasada, que cada uno de los hilanderos rebajó media libra de lana sucia del total".

Aunque, sin duda, la mayor expresión de resistencia era escapar.

AL DESCUBIERTO

Desaparecían tantas semillas de Mount Vernon que Washington ordenó que las mezclaran con arena, haciéndolas más difíciles de robar.

¡A LA FUGA!

La fuga era la forma más dramática y poderosa de resistencia. Unos 17 esclavos escaparon de Mount Vernon durante la Revolución Americana cuando un buque de guerra británico ancló cerca. Los dueños ofrecieron provisiones al barco a cambio de sus esclavos, pero el capitán rehusó devolverlos. Dejando a la familia perpleja, el deseo de libertad de los esclavos era tan fuerte que incluso los que disfrutaban de posiciones privilegiadas—como Hércules, el cocinero, y la criada personal de Martha, Oney (Ona) Judge—también escaparon.

RESISTENCIA DE LOS ESCLAVOS

- enfermedades fingidas
- pierden o estropean las herramientas y provisiones
- trabajo lento
- huyen
- trabajo pobre
- roban

¿Habrá sido capaz Washington de darse cuenta de si uno de estos esclavos estaba trabajando despacio intencionadamente?

DESENTERRANDO EL PASADO DE MOUNT VERNON

Los arqueólogos continúan trabajando para descubrir más sobre la historia de la esclavitud en Mount Vernon. En 2014, comenzaron un proyecto de varios años para excavar el llamado Cementerio de los Esclavos. Es importante porque se sabe muy poco del cementerio. De hecho, nunca fue mencionado durante la vida de Washington.

El testimonio más temprano proviene del diario de una mujer que visitó Mount Vernon en 1833, cuando la familia Washington todavía era la dueña. Escribió que cerca de la tumba de Washington "se podía ver dónde estaban enterrados sus esclavos".

Aún no se sabe cuántas tumbas hay en el cementerio. El testimonio de 1833 habla de 150 tumbas. Otro testimonio de 1838 señala 100 tumbas. Se espera que el proyecto pueda localizar todas las tumbas y así honrar a los esclavos que vivieron y murieron en la casa del matrimonio Washington.

AL DESCUBIERTO

Para quien quiera visitar el Cementerio de los Esclavos, los jueves y los viernes la entrada a Mount Vernon es gratis. Si tienes al menos 16 años, también puedes ayudar en las labores de excavación.

NOMBRES

Es posible que alguna vez las tumbas del Cementerio de Esclavos tuvieran lápidas con los nombres, pero hace tiempo que han desaparecido. Sin embargo, se cree que ciertos esclavos conocidos fueron enterrados allí, entre ellos William Lee, sirviente personal de Washington, y Frank Lee, el hermano de William y el mayordomo de Mount Vernon. También se cree que West Ford, un sirviente de toda la vida de la familia Washington, que murió en Mount Vernon en 1863, fue la última persona enterrada en el lugar.

Esta lápida, que honra a los esclavos enterrados en el Cementerio de Esclavos de Mount Vernon, fue erigida en 1983.

GLOSARIO

alojamiento: vivienda ocupada por un grupo.

artefacto: algo hecho por gente en el pasado.

cerámica: objetos útiles hechos de arcilla y luego cocidos a altas temperaturas.

chimenea: estructura vertical que forma parte de un edificio y diseñada para sacar el humo de una estancia.

contradicción: conflicto, desacuerdo.

costurera: mujer que cose a mano para hacer y arreglar la ropa, cortinas y linos domésticos.

dentadura: conjunto de dientes.

destilador: persona que produce bebidas alcohólicas a partir de un proceso que implica calentar líquidos para su concentración.

documento: escritura formal.

escudo de armas: diseño de símbolos que representan a una familia, ciudad o país.

raciones: alimento, provisiones.

utensilio: artículo que es útil o necesario en una casa, como una cuchara.

PARA MÁS INFORMACIÓN

LIBROS

Delano, Marfé Ferguson. *Master George's People: George Washington, His Slaves, and His Revolutionary Transformation*. Washington, DC: National Geographic, 2013.

Santella, Andrew. *Mount Vernon*. Minneapolis, MN: Compass Point Books, 2005.

Turner, Diane D. *My Name Is Oney Judge*. Chicago, IL: Third World Press, 2010.

SITIOS DE INTERNET

George Washington's Mount Vernon for Students
www.mountvernon.org/education/for-students/
Explora Mount Vernon, la época colonial, la vida de George Washington, las fuentes principales, ¡y más cosas sobre este lugar asombroso!

Mount Vernon, Virginia
www.nps.gov/nr/travel/presidents/mount_vernon.html
Lee acerca de la historia de Mount Vernon y de la familia Washington en este sitio web.

Nota del editor a los educadores y padres: nuestro personal especializado ha revisado cuidadosamente estos sitios web para asegurarse de que son apropiados para los estudiantes. Muchos sitios web cambian con frecuencia, por lo que no podemos garantizar que posteriores contenidos que se suban a esas páginas cumplan con nuestros estándares de calidad y valor educativo. Tengan presente que se debe supervisar cuidadosamente a los estudiantes siempre que tengan acceso al Internet.

ÍNDICE